Apóstol Samuel Cameroun

El sello de Dios

Apóstol Samuel Cameroun

El sello de Dios

En el libro de Apocalipsis

CREDO EDICIONES

Imprint
Any brand names and product names mentioned in this book are subject to trademark, brand or patent protection and are trademarks or registered trademarks of their respective holders. The use of brand names, product names, common names, trade names, product descriptions etc. even without a particular marking in this work is in no way to be construed to mean that such names may be regarded as unrestricted in respect of trademark and brand protection legislation and could thus be used by anyone.

Cover image: www.ingimage.com

Publisher:
CREDO EDICIONES
is a trademark of
International Book Market Service Ltd., member of OmniScriptum Publishing Group
17 Meldrum Street, Beau Bassin 71504, Mauritius
Printed at: see last page
ISBN: 978-613-4-40266-8

Vigésimo primer estudio bíblico/ 27

EL SELLO DE DIOS EN EL LIBRO DE APOCALIPSIS

Apocalipsis 7

PRÓLOGO EN...

Colección de la serie cristiana:
'' ¡ AQUEL QUE HAY QUE HACER ADVERTENCIA! ''
(Mateo 24:15)

Durante el transcurso de nuestro caminar espiritual, nos acercaremos a los fundamentos de la sana doctrina cristiana que es el pilar y el soporte de la verdad. Según el apóstol Pablo, animando a su fiel compañero en *1 Timoteo 3: 14-15,* le escribió: " *Te escribo estas cosas, con la esperanza de llegar pronto a ti, pero para que lo sepas, si me demoro., cómo debemos comportarnos en la casa de Dios, que es la Iglesia del Dios vivo, columna y sostén de la verdad* ". Siguiendo al apóstol Pablo, los estudios de esta serie, a lo largo, unirán los temas de la doctrina bíblica con los de la profecía, porque Jesucristo exhorta fraternalmente a la Iglesia que es `` Miembro de su Cuerpo, siempre está presente junto a su familia. Para ello, las enseñanzas de la presente colección se basarán principalmente en los libros conjuntos de *Apocalipsis* (: *APOCALIPSIS*), yuxtapuestos con el de *Daniel,* para confirmar esta buena nueva del mensaje del evangelio. Ya que, al final de los siglos, la doctrina evangélica, los diez mandamientos de Moisés y la profecía fueron preciosamente recomendados a los cristianos genuinos, para que les sirvieran de brújula en la oscuridad de las tinieblas del mal. Esto se debe al espíritu de desconcierto que llevó a la apostasía doctrinaria, ahora muy popular, entre todas aquellas comunidades de cristianos que afirman que la Biblia llama " *Babilonia la grande, ¡la madre de lo prohibido!*" » *Apocalipsis 17: 5.*

Además, debemos buscar a Dios con todas nuestras fuerzas, ¡nosotros que somos la generación al final de la historia de este mundo destinada a su inminente y eterna ruina! Es solo Jesús, quien ha determinado las condiciones de su salvación para cualquiera que sinceramente quiera escapar saliendo de este mundo impío. Por lo declara solemnemente: " *nadie puede venir a él, si el Padre no lo atrae...* " Sin embargo, una vez que vienen al Señor, nosotros también saber que Jesús añade: " *nadie puede llegar a Dios sin pasar a través de él (Jesús)* ". Finalmente, ¿cuál es el objetivo de nuestro caminar cristiano ? ¿ Y qué es la Iglesia de Cristo ? ¿Puede ser una organización denominacional ? - ¿Las Asambleas Cristianas tienen que depender de alguna agencia gubernamental para probar que son la Iglesia de Cristo?

Mientras los verdaderos cristianos se preparan para afrontar la peor persecución de la historia santa, por el " *666* " que pronto condicionará a todo hombre, - ¿Deberían nuestras finanzas, como los diezmos, comprometerse para ganarnos el cielo ? - ¿Está Cristo todavía presente en estas denominaciones llamadas Iglesias? - ¿Quién debería ser la cabeza de la Iglesia de Cristo? - ¿Cómo se están construyendo actualmente las comunidades cristianas bajo el único Pastor, Jesucristo? - ¿Tiene la Iglesia de Cristo líderes visibles ? - ¿Puede esta Iglesia de Cristo mantener la corrupción ? ¿Puede comprometer tan poco nuestra salvación por algunas doctrinas no bíblicas? ¿Qué iglesia de hecho hoy está perfectamente de acuerdo con la santa voluntad de Cristo revelada en la Biblia ?

Para todas estas preguntas y tantas otras que sin duda olvidamos, la colección `` *Que los que lean, presten atención ",* ofrece exclusivamente respuestas bíblicas sencillas y bastante completas según cada tema abordado. Las respuestas a estas preguntas anteriores en enunciado, digámoslo, solo se darán a los corazones humildes, por eso esta serie cristiana *"Tenga cuidado el que lee",* es una serie de mensajes vivos. Fueron diseñados con las necesidades espirituales de nuestra generación en mente, especialmente las profecías que la Biblia, a través de la revelación y la enseñanza doctrinal de Cristo, los apóstoles y profetas de la antigüedad, nos invita a escudriñar día y noche sin descanso. en una vida de oración, su cumplimiento, a fin de darnos la fuerza para comparecer ante el Hijo de Dios en el último día. Aquí está la promesa de Cristo a su Iglesia: *" Al que venciere y guarde mis obras hasta el fin, le daré autoridad sobre las naciones.* » *Apocalipsis 2:26*

NB: A menos que se indique lo contrario, las referencias bíblicas citadas en los estudios están tomadas de la versión de las Sagradas Escrituras (Louis Second). Y para cada tema, puedes consultar el resumen Por la indicación ordinal (pregunta-respuesta), cualquier reacción en particular, podría provocar un apoyo bíblico y/ o comunitario personalizado, por pequeño que sea, ya sea que te manifiestes en nuestro sitio web, por llamada telefónica de WhatsApp. o en nuestra dirección de correo electrónico marcada en la parte inferior de cada página.

De este modo, la Iglesia les presenta una serie de *" 27 estudios bíblicos "*, complementando la mayor cantidad de mensajes de video y audio en una versión electrónica descargable desde el sitio web *www Christians-Église.org.* ¡Todo esto por igual número de folletos, que se ofrecerán gradualmente, como el Señor

Yahvé Dios provee con misericordia y gracia en Jesucristo!

Toda esta colección se ofrece de forma gratuita, con el fin de respetar el espíritu de Cristo que nos recomendó donarla, ya que la recibimos gratis:

¡ENTONCES NO DEBE A NADIE VENDER ESTA PALABRA DE DIOS!

Pero primero, lo invitamos a recibir la carta del autor escrita para sus lectores. Esta carta podría servir como hoja de ruta y guía educativa. Sin embargo, nunca es cristiano creer que nuestro Señor actuará de manera idéntica en todos los casos, durante tu crecimiento espiritual o durante el ministerio pastoral de evangelización a través de ti. Es por ello que, una vez más, los invitamos a permanecer atentos a su voz espiritual, a través del canal infalible que representa para cualquiera, la lectura asidua de su palabra, la Biblia.

Hermanos y hermanas, que la paz de Dios que sobrepasa todo entendimiento, guardará vuestros pensamientos en Cristo Jesús! ".

Acoger, tomando con la Iglesia, el pequeño y estrecho camino que conduce a la eternidad, y del que sólo el Hijo de Dios es Guía y Soberano Pastor...

En primer lugar, le aconsejaremos durante su estudio bíblico que sea crítico con el significado de las doctrinas que abordarán estas santas cartas. En esto, seguirás las recomendaciones de los Apóstoles según Hechos 17:11. " Estos judíos tenían sentimientos más nobles que los de Salónica; recibieron la palabra con gran entusiasmo y examinaron las Escrituras todos los días para ver si lo que se les decía era correcto. "

A medida que crece como cristiano, lea su Biblia con regularidad. Escuche al Espíritu Santo. Comparta esta riqueza con otros. Sea generoso, especialmente con los que le rodean. Sepa cómo fomentar las iniciativas de estudios comunitarios. Pon a prueba a quienes con espíritu de vana crítica te acusarán de sectario. Lucha sin dejarte distraer por los enemigos de tu alma. Simplifique su vida cristiana. Ayude a los pobres de su vecindario, comenzando por los miembros de su familia. Participe en campañas de evangelización pública. ¡Explota todos los nichos de la comunicación y difunde las buenas nuevas como sembradores de vida!

No ignore a nadie en sus oraciones. Invoca el favor de Yahvé Dios a los que te escuchan, pero también a los que te resistirán. "No tengas enemigos..., vive en paz con todos... y mantente en perfecta armonía... ", con toda la Iglesia de Cristo local en el país, ciudad o distrito de tu residencia.

Hermanos y hermanas, " huid del pecado " y " sed santos " porque " nuestro Dios es Santo. " Y en agradecimiento a Dios por haberte salvado y enviado ", cántale constantemente y cánticos espirituales bajo la inspiración de su Espíritu. "

Como has " recibido gratis ", ¡no rompas esta cadena de solidaridad! Con los nuevos discípulos, comience presentando el evangelio y luego aborde los temas doctrinales según su audiencia y sus necesidades espirituales. Podrás elegir los temas que más te convengan, obedeciendo la voz del Espíritu Santo. Y como el " eunuco etíope " debes saber que Cristo se les unirá en el camino cuando te tomes la molestia de enseñárselo, especialmente a los jóvenes. Entréguense a sus Hermanos Cristianos " como ofrenda a Dios ", porque " la mies es mucha pero los obreros pocos. " Además, recuerda la promesa de Cristo en la parábola de " obreros de la última hora "

Así, " nuestro gozo será perfecto " al saber que van camino a la patria celestial, siendo hijos de Dios y siervos de Cristo, si han aprendido que " no hay mayor amor que dar la vida por aquellos a quienes amamos ". amor ". Así como " hay más alegría en dar que en recibir "

Por último, alégrate, esperando a nuestro Salvador Jesús, que " no olvidará tu participación en la propagación del evangelio y el mensaje de la verdad ". No temas sino a Dios mismo. Y luego, muy rápidamente cuéntanos sobre tu testimonio: dones que el Espíritu Santo te habrá otorgado, con miras a perfeccionar el cuerpo de Cristo. " ¡ Sean bendecidos en todos los sentidos! "

*Entonces, " **AMADOS** ", reciban estos estudios bíblicos como un regalo del Señor Jesús, transmitidos por el ministerio de evangelización de su Iglesia en Camerún, por su devoto servidor y modesto hermano de África, que desea recordarles que Yahwéh Dieu, a través de su Hijo Jesucristo, te ama con Amor Eterno. También crea en nuestro devoto afecto fraterno, a través del anticipo del Espíritu Santo. Amén.*

NB: *Al final del estudio bíblico, de este título, encontrará los diferentes temas propuestos en la colección de estudios bíblicos "Tenga cuidado el que lee". Recordamos a los lectores que esta serie de estudios bíblicos cristianos está disponible sin cargo para su edificación en www.chrétiens-Église.org*

SAMUEL CAMERÚN, Apóstol del Señor Jesús Cristo.

camerounsamuel@gmail.com Tel + 237 690600469 o + 237 679647767

TEXTO INTRODUCTORIO

Apocalipsis 7: 1 - 8

A cerca de eso, vi cuatro ángeles de pie en los cuatro ángulos de la tierra; que detenían los cuatro vientos de la tierra, de manera que lo hace el viento del viento sobre la tierra, ni al mar, ni sobre ningún árbol. Y vi a otro ángel que ascendía del lado del sol naciente y sostenía el sello del Dios viviente; clamó a gran voz a los cuatro ángeles, a quienes se había dado para dañar la tierra y el mar, y dijo: No dañéis la tierra, ni el mar, ni los árboles, hasta que hayamos sellado las frentes de los siervos. de nuestro Dios. Y oí el número de los sellados, ciento cuarenta y cuatro mil, de todas las tribus de los hijos de Israel: de la tribu de Judá, doce mil sellados; de la tribu de Rubén, doce mil; de la tribu de Gad, doce mil; de la tribu de Aser, doce mil; de la tribu de Neftalí, doce mil; de la tribu de Manasés, doce mil; de la tribu de Simeón, doce mil; de la tribu de Leví, doce mil; de la tribu de Isacar, doce mil; de la tribu de Zabulón, doce mil; de la tribu de José, doce mil; de la tribu de Benjamín, doce mil marcas de sellos. "

INTRODUCCIÓN

¿ Le sorprendería saber que Dios tiene una señal especial, una marca que coloca sobre sus siervos ?
¿Le sorprendería saber que si una persona no usa esta marca cuando Jesús regrese, no podrá entrar en el reino de Dios ?

¿Le sorprendería saber que la mayoría de las personas desconocen por completo la existencia de este cubo y, por lo tanto, no les importa?

¿Le sorprendería descubrir que uno de los principales propósitos de Apocalipsis es identificar el alma de Dios y restaurarla ?

Por increíble que parezca, las afirmaciones anteriores son ciertas. Pocas cosas son más importantes para Dios que su balde. Ay, cuando Dios mira a sus hijos, ahora debe mover la cabeza con tristeza señalando que " *La falta balde* " para la mayoría. Es difícil encontrar un tema de estudio más importante que este. Ore mucho mientras estudia una verdad tan vital.

EL CUBO DE DIOS PROTEGE

1- ¿Por qué Dios está retrasando la destrucción final ?

Apocalipsis 7:13

" No toques la tierra...
hasta que tengamos .... el ....
.... el .... de nuestro Dios ".

Nota: Dios no permitirá que los vientos de la guerra final soplen y traigan destrucción a la tierra hasta que Su pueblo haya recibido Su marca. Los vientos en la profecía representan guerra, destrucción, sangre; *Jeremías 25: 31-33; 49:36, 37.*

2 ¿ Hasta cuándo debe ir la proclamación del mensaje divino sobre su balde ? *Apocalipsis 14: 6*

" ... A todos ...., a
todos ...., a

todos, ... a
todos .... "

Nota: Veremos que el balde de Dios es una parte importante del mensaje de los tres ángeles de Apocalipsis " 14 ". Será proclamado en toda la tierra y con gran poder, justo antes del regreso de Jesús. Recuerde
que " *balde* ", " *marca* " *y* " *signo* ", *a* menudo son sinónimos en la Biblia; *Romanos 4:11; Ezequiel 9: 4, Apocalipsis 7: 2-3.*

3- ¿Cómo la escritura usa simbólicamente el cubo ? *Romanos 4: 11, Ezequiel 9: 4,: REVELACIÓN 7: 2-3, Ef 4: 30*

" Como .... De la justicia obtenida por la fe ". " No contristéis al Espíritu Santo .... Po r lo que ha sido .... ".

Nota: Un balde puede validar una verdad o un requisito divino. También indica propiedad o aprobación de Dios.

4- Un balde debe contener tres cosas; cuáles ?

Los depósitos se utilizan para autenticar documentos legales.

Deben llevar el **NOMBRE,** el **TÍTULO** de la **Autoridad** y el **TERRITORIO.**

Identifique el balde de Dios en su ley

Éxodo 20: 3-17

" El .... día es .... (Resto) de .... tu Dios .... porque el Señor tiene .... la tierra y los cielos ".

Nota: El cuarto mandamiento es el sello de Dios para poner en su ley porque contiene el nombre " *El Señor tu Dios* ", el título de Creador " *él hizo* " y la extensión de la tierra " *los cielos y la tierra* ".

EL EXTRAORDINARIO SELLO DE DIOS, UN CUBO VISIBLE

5- ¿Cuál es la señal *" o sello "* del poder redentor y creador de Dios ? *Éxodo 31: 17; Ezequiel 20: 12; Apocalipsis 4:10 - 11.*

El .... es la señal de que Dios es Creador y Redentor.

Nota: Dios mismo hizo el sábado en la creación, y Él mismo anunció que el sábado es la señal de su poder Creador y Redentor.

6- ¿Dónde se coloca el sello de Dios ? *Apocalipsis 7: 3*

" .... en su .... ".

Nota: La frente representa el espíritu. Servimos a Dios con nuestro espíritu; *(Romanos 7:25).* Además, cuando aceptamos guardar el sábado de Dios, estamos sellados en nuestra mente, representados por nuestra frente.

7- ¿ Cuándo creó Dios el sábado ? Génesis 2: 1 - 4

Cuando " *creó el* .... *Y el* .... ".

Nota: Después de los primeros seis días de la creación, Dios hizo el sábado en el séptimo día.

8- ¿Con qué hizo Dios el sábado ?

Éxodo 20: 10

Con " *el séptimo* .... " que es el sábado.

Nota: Dios tomó un día de 24 horas, el 7 ° de la semana, para que el día de reposo. Es el momento y el tiempo es lo que se necesita para desarrollar una verdadera amistad con el Señor.

Él me da 24 horas a la semana de su precioso tiempo, para que Él y yo podamos convertirnos en amigos íntimos. ¿Cómo podría despreciar una oferta así ?

9- ¿Qué hizo Dios para que el sábado fuera muy especial ?

Génesis 2: 2-3

" Él................ 7 ° día........................ Y Dios............ El 7 ° día y tiene.............. ".

Nota: " *Santificar* " significa apartar para uso santo.

10- ¿Cuánto dura la bendición divina ?

1 crónica 17:27

" .... es bendecido por el .... ".

11- ¿ Para quién hizo Dios el sábado ?

San Marcos 2: 27-28

" El sábado fue hecho para .... ".

Nota: Algunos dicen que el sábado fue hecho solo para los judíos y no para los gentiles. Jesús dijo lo contrario. Ha sido hecho para la humanidad, para las personas, en todas partes, desde el principio de los tiempos.

12- ¿Qué orden se da con respecto al sábado ? *Éxodo 20: 8-11*

" Recuerda el día de descanso para .... ".

Nota: Este mandamiento es tan claro que se necesita un gran esfuerzo para no entenderlo. Él es el único que comienza diciendo: " Recuerda ". Dios sabía que el Hombre se olvidaría.

EL SÁBADO DEL NUEVO TESTAMENTO

13- ¿Han sido abrogados los diez mandamientos ?

Lucas 16:17

No. *" Es más fácil que .... Y el .... pase, que es solo uno .... La ley vendrá a caer ".*

Nota: la ley de Dios y sus mandamientos son uno y el mismo; *Mateo 5:17 - 19. Romanos 13: 8 - 10*

14- ¿Qué día guardaban Jesús y Pablo ?

Lucas 4:16, Hechos 17: 2

" El día de .... ".

15- ¿Cómo le puede afectar saber que Jesús guardó el sábado ?

1 Pedro 2:21

Debo seguir el ejemplo ....

Nota: que Jesús me deje un ejemplo al guardar el sábado, ciertamente querré seguirlo guardándolo también.

16- ¿Los cristianos de origen pagano guardaban el sábado ?

Hechos 13:42

Respuesta: ....

....

17- ¿Por qué usted no necesita p adhieren as a la Iglesia del séptimo día ?

RAZONES OBVIAS PARA NO ASISTIR A LA IGLESIA ADVENTISTA DEL SÉPTIMO DÍA, A PESAR DE LA OBSERVACIÓN DEL MISMO DÍA DE SÁBADO

18- ¿ Todavía tenemos que pagar el diezmo y las ofrendas en relación con el perdón de los pecados ?

Nota: Las razones obvias por las que ya no hay razón para volver a la práctica del antiguo ejercicio del culto de las ofrendas, ni en efectivo ni en especie para el perdón de los pecados:

- ¿ Sigue la gente camino de Jerusalén ?
- ¿Dios siempre ha determinado un lugar fijo en el que reunir a la gente para su adoración cristiana?
- Las doce tribus de Israel son ellos siguen juntos en el santo templo entonces ?

- ¿Existe todavía el Templo de Jerusalén ?
- ¿Los dones ofrecidos lavan los pecados de los cristianos de hoy ?
- ¿Es el sacerdocio de Levi en vigor en estos momentos en los que Cristo ya ha sido crucificado ?
- Los sacerdotes, hijos de Aarón, ¿siguen siendo una casta apartada exclusivamente al servicio del sacerdocio ? ¿Y de qué sacerdocio estarían al servicio si Cristo nuestro pacque ya ha sido crucificado?
- Los otros diezmos en particular los a favor de las viudas de los huérfanos de los extranjeros y del rey fueron entregados al pueblo de la misma manera que los de los sacerdotes, por qué ya no se enseñan e implementan si todavía queremos obedecer a la totalidad ley del culto levítico ?
- ¿Qué mandamientos promulgó Dios mismo ?
- ¿Están los Diez Mandamientos todavía en el cielo ? ¿Dónde fueron depositados ?
- El: REVELATION es un libro que anuncia los hechos por venir, ¿evoca leyes de

adoración en el templo del cielo o para el mundo venidero ?

La profanación de la sangre de Jesús POR DIEZMO LA SIN DE BALAAM

Por último, e t que este es el punto crucial de nuestra Stu dy bíblicos que demuestran, en resumen, los desafíos de esta leyes de cambio de venta con receta de culto, que ha superado la Primera *A Alianza Desde Moisés* hasta tanto asimilarlo *al pecado del profeta Balaam en el Nuevo Testamento, tanto como los cristianos que pagan o reciben hoy el diezmo,* ***con*** conciencia o no profana, de la sangre de la gracia de Jesús en estas Iglesias apóstatas. ¡Por codicia, niegan así al Maestro que los redimió! *2 Pedro 2: 1,3.* --
Bien señalado: Sin embargo, hay buenas noticias para todos aquellos que quieran usarlo: ¡ Arrepentimiento! ¿ Entonces ?

La tercera parte de nuestro estudio bíblico consistirá en demostrar lo que está en juego en este cambio en la ordenanza de las leyes, que anuló y anuló el primer pacto religioso de Moisés, asimilando así el pecado del profeta Balaam, tanto como los cristianos pagando. hoy, la moneda de diez centavos, **ya sea a** conciencia o no, profanan la sangre de la gracia en estas iglesias apóstatas. -

Porque se dice en 1 Pedro 1: 18-19 " *sabiendo que no es por cosas perecederas, ni por plata ni por oro, que habéis sido redimidos de la vana manera de vivir que habéis heredado de vuestros padres, sino por la preciosa sangre de Cristo, como de un cordero sin mancha y sin contaminación* " Tenga en cuenta la comparación que se hace en este pasaje entre la sangre de Cristo y la de los animales para demostrar la cancelación de la primera por la segunda! Hebreos 7: 18 " *No anulación un mandamiento anterior a causa de la debilidad e ineficacia* " Esto en cuanto a lo que dice la profecía apóstoles, Judas 1: 11 " *¡Ay de ellos! Porque siguieron el camino de Caín, se arrojaron por salario en el error de Balaam, se perdieron por la rebelión de Coré* ", y los de (II Pedro 2: 1-3) (II Pedro 2: 15), Pablo (1Timoteo 6: 5-7) y del mismo Jesús a través de

Juan *(Apocalipsis 2:14),* ciertamente se cumplirá contra estas sinagogas de Satanás. Más que una frase, estas profecías anuncian el destino ya sellado de quienes dan o aún reciben el diezmo, si no vinieran a arrepentirse!!! " ***¿Qué peor castigo crees que será juzgado digno de todo aquel que pisa al Hijo de Dios, que ha profanado la sangre del pacto por el cual fue santificado, y que habrá insultado al Espíritu de Dios ? ¿ Gracia ? Porque lo conocemos. quien dijo: ¡Venganza mía, retribución mía! Y nuevamente: El Señor juzgará a su pueblo. Es terrible caer en las manos del Dios viviente.*** " **Sin embargo, hay una puerta de esperanza para todos los que la usarán: Arrepentimiento. Y luego,** " ***Recuerda aquellos primeros días, cuando, después de ser iluminado, soportaste una gran batalla de aflicciones*** ", *Hebreos 10: 29-32.*

Nota: Indudablemente habrá un período de deshonra que sufrirás de aquellos que anteriormente recibieron tus monedas de diez centavos. Sin mencionar el período en el que (estos falsos cristianos) seguirán " *el* *camino de Caín"* Judas 1:11, y **muy pronto** comenzarán a marcar con *" 666 "* **a** todos los que han abdicado. ¡Pero esperemos! Hebreos 10: 37-38 nos asegura, *" Todavía un poco, un poco de tiempo: el que está por venir (Jesús Cristo) vendrá, y no tardará. Y mi justo vivirá por la fe; pero, si se retira, mi alma no se complace en él. No somos los que se retiran para perderse, sino los que tienen fe para salvar sus almas. "* El pasaje de Hebreos 9: 9" *Es una figura para el tiempo presente, donde se presentan ofrendas y sacrificios que no pueden perfeccionar en materia de conciencia al que da este culto "* Hebreos 9: 10" *y que, junto con la comida, la bebida y diversas abluciones eran ordenanzas carnales impuestas sólo hasta el momento de la reforma* ». En la Biblia, el Señor luego nos muestra cómo la transición del ministerio entre el sacerdocio levítico y el de Jesucristo se realizará a través del templo de Jerusalén. después de la destrucción total de este lugar de adoración y el importante ministerio del Hijo de Dios en la cruz! Hebreos 9:11 *" Pero Cristo vino como sumo sacerdote de las cosas buenas por venir, y pasó por el tabernáculo más grande y más* *perfecto, que no se construye a mano, es decir, que no es de esta creación "*

19- ¿A qué falsos profetas se alude en este pasaje ? *Judas1: 11*

Nota: En este pasaje se alude a Caín que mató a su hermano Abel. *Génesis 4: 8 Al* convertirse así en el primer asesino de la historia, Caín simboliza el crimen en la historia santa. Y Dios también declara de estos cristianos: *" ¡Ay de ellos! Porque siguieron el camino de Caín "* Debido a la ofrenda voluntaria de su hermano, Caín lo mató. Por otra parte, estos falsos profetas, además de ser asesinos, se corromperán en su salario de iniquidad como... *" Se arrojaron por salario en el error de Balaam, se perdieron por la revuelta de Coré. "*

20- ¿Qué salario hablando del profeta Balaam se menciona en este pasaje ? *Deuteronomio 23,4*

" ... Porque no vinieron a encontrarte con pan y agua en el camino, cuando saliste de Egipto, y

porque trajeron contra ti a precio de plata a Balaam hijo de Beor, de Petor en Mesopotamia, para que te maldigo. "

21- ¿ Escuchó Dios a Balaam ? Deuteronomio 23: 5-6

" ... Pero el Señor tu Dios no quiso escuchar a Balaam; y el Señor tu Dios ha convertido la maldición en bendición para ti, porque eres amado por el Señor tu Dios. No se preocupará por su prosperidad o su bienestar mientras viva, para siempre. "

2 Pedro 2: 1-2 *" Ha habido entre el pueblo falsos profetas, y también habrá entre vosotros falsos maestros, que introducirán sectas malvadas, y que, negando al Maestro que las redimió, las atraerá. una ruina repentina "*.

Nota: ¡ Notamos aquí una profecía sobre el abandono de la fe de Dios por parte de algunos cristianos!

22- ¿Pero cómo se producirá este abandono de la fe cristiana ? 2 Pedro 2: 2

" Muchos los seguirán en su disolución, y el camino de la verdad será calumniado por ellos. "

23- ¿Cuál será el motivo de su abandono de la fe ? 2 Pedro 2: 2-3

" Por codicia, te traficarán con palabras engañosas, aquellos a quienes la condenación ha amenazado durante mucho tiempo, y cuya ruina no permanece dormida ".

24- ¿Qué motivo utilizan para extorsionar dinero según las Sagradas Escrituras ? 1 Pedro 1:18

" Sabiendo que no fue por cosas perecederas, ni por plata ni por oro, que fuiste redimido de la vana manera de vivir que heredaste de tus padres, sino por la preciosa sangre de Cristo, como de un cordero sin defecto y sin mancha Predestinado antes de la fundación del mundo, y manifestado al final de los tiempos, por tu bien "

25- ¿Cómo habla Pablo de eso de otra manera ? Romanos 12: 1 - 35

" Y David dijo: Sea para ellos su mesa lazo, red, tropiezo y retribución. "

26- ¿ De dónde vendrán los que apartarán de la verdad al pueblo de Dios ? Jude 1: 14

" Porque se han infiltrado entre vosotros ciertos hombres, cuya condenación está escrita desde hace mucho tiempo, impíos, que transforman la gracia de nuestro Dios en disolución, y que niegan a nuestro único amo y Señor Jesucristo. "

27- ¿Cómo hablamos del diezmo que van a extorsionar a los cristianos ? Judas1: 11

" ¡Ay de ellos! Porque siguieron el camino de Caín, se lanzaron por salario en el error de Balaam, se perdieron por la rebelión de Coré. "

28- Después de haber querido maldecir a los cristianos con la extorsión del diezmo, ¿cómo les llama la Biblia a estas Iglesias? 2 Pedro 2:14 *" Sus ojos están llenos de adulterio e insaciables con el pecado; que prime almas mal establecidos; sus corazones están entrenados en la codicia; son niños malditos. "*

29- ¿Cómo toman el camino de Balaam ? 2 Pedro 2:15

" Después de dejar el camino recto, se extraviaron siguiendo el camino de Balaam hijo de Bosor, que amaba la paga de la iniquidad "

30- ¿Cómo siguen el camino de Balaam ? Malaquías 3: 8

" ¿Engaña el hombre a Dios? Porque me engañas y dices: ¿En qué te engañamos? En diezmos y ofrendas. » Malaquías 3: 9

" ¡La maldición te golpea, y me engañas a mí, a toda la nación! "

31- Dicen traer a la casa del tesoro, pero ¿esta casa todavía existe ? Malachie 3: 10

" Traed todos los diezmos a la tesorería, para que haya alimento en mi casa; Pruébame, dice el Señor de los ejércitos. Y veréis si no os abro las ventanas de los cielos, si no derramo sobre vosotros abundancia de bendiciones. "

32- ¿Qué profetizó Jesús sobre el templo de Jerusalén ? Lucas 21: 6

" Llegarán días en que, por lo que ves, no quedará piedra sobre piedra que no sea derribada. "

33- ¿Dónde recomendó Jesús el lugar de culto cristiano ? Juan 4: 21-24

Jesús le dijo: " Mujer, créeme, la hora viene en que no adorarás al Padre ni en este monte ni en Jerusalén. Amas lo que no sabes; adoramos lo que sabemos, porque la salvación viene de los judíos. Pero la hora viene, y ya ha llegado, cuando los verdaderos adoradores adorarán al Padre en espíritu y en verdad; porque estos son los adoradores que el Padre pide. Dios es Espíritu, y quienes lo adoran deben adorarlo en espíritu y en verdad. "

SIMILIDAD ENTRE LOS ADVENTISTAS DEL SÉPTIMO DÍA Y EL PROFETA `` BALAAM "

Es lo mismo con el diezmo que con la Pascua judía en el estado actual. Los judíos que no aceptaron a Jesucristo como el Mesías, aún continúan celebrando su comida de Pascua sacrificando un cordero de sacrificio. ¡Por esta sangre derramada, recuerdan el sacrificio de Isaac por Abraham! ¡Ahora todos sabemos que los cristianos de hoy celebran la Pascua cristiana en recuerdo de la muerte de Cristo, y ya no en la del sacrificio de Isaac! Cuando Jesús instituyó el pan como su cuerpo y el vino materializando la sangre de la redención del mundo, reemplazó la carne y la sangre de los animales por el pan y el vino que llamó su cuerpo y su sangre. Por eso dijimos del diezmo que se convirtió nuevamente en como la Pascua judía; es decir, la inmolación de un cordero, cancelando y reemplazando nuevamente el sacrificio del Hijo de Dios, por el pago de un depósito destinado antiguamente a los sacrificios de animales, esto para el perdón de los pecados. Sin embargo, según 1 Pedro 1: 18-19, " *sabiendo que no es por cosas perecederas, ni por plata ni por oro, que habéis sido redimidos de la vana manera de vivir que habéis heredado de vuestros padres, sino por el sangre preciosa de Cristo, como de un cordero impecable e inmaculado* ". El motivo y objeto aquí reprimido es la" *codicia* ", *cuya intención es claramente profanar la sangre la gracia de Jesús mediante doctrinas satánicas* que, por cierto, están en total desgracia con c La sangre del nuevo pacto que Dios estableció por la muerte de Cristo. De estos falsos cristianos, refiriéndose a " *cosas perecederas* " en otras palabras ' ' *plata u oro* " entre otras monedas de diez centavos y ofrendas que era una institución que el pueblo tenía ' '*heredado de sus padres*' 'que " *con los alimentos, las bebidas* ' ' de Hebreos 9: 10 ' *y ordenanzas carne, impuestas hasta el tiempo de reformar,*' anuncio de la profecía bíblica de estas iglesias por error el amor de dinero para el ejemplo de Judas c e traidor discípulo.

Así, en oposición al antiguo sistema de adoración, el Nuevo Testamento habla de la reforma que fue establecida por " *la sangre preciosa de Cristo, como de un cordero sin defecto y sin mancha* " Hebreos 9: 9. Por lo tanto, ¿podemos hoy ser respetuosos? de nuestro compromiso bautismal como cristianos con Dios, si de todos modos comenzamos a sacrificar un cordero pascual nuevamente o continuamos pagando diezmos y ofrendas voluntarias por nuestros pecados ? ¡Obviamente NO! Desde la cuestión del sacrificio de animales que han sido tratados en el Nuevo Testamento por los Apóstoles: 1 Corintios 5: 7 " *Porque Cristo, nuestra Pascua, fue sacrificado* ", entonces todo diezmo u ofrenda voluntaria pagada por los cristianos de aujourd hui, ya sea que se haga en un acto de adoración o no, se asimila sistemáticamente al acto de sacrificio de animales de antaño. Hebreos 10: 18 -21 " *L a donde hay perdón de los pecados, hay más ofrenda por el pecado. Así que, hermanos, puesto que tenemos, por medio de la sangre de Jesús, una entrada libre en el santuario por el camino nuevo y vivo que nos inauguró a través del velo, es decir, su carne, y puesto que tenemos un Sumo Sacerdote establecido sobre la casa de Dios ".*

Con este fin, el presente estudio bíblico que consistía en señalar la transición del sacerdocio y del sacrificio ministerio que no era entre el **dos Pactos,** el **dos santuarios,** el **Dos testador, Moisés y Jesucristo:** " *Es un símbolo para el tiempo presente, donde se presentan ofrendas y sacrificios que no pueden hacer a la persona que rinde este culto perfecto en términos de conciencia, y que, junto con comida, bebida y diversas abluciones, fueron ordenanzas carnales impuestas sólo hasta el momento de la reforma.* » *Hebreos 9: 9.* ¡ Esta nueva reforma del culto según el pasaje anterior, entró en vigor una vez que se notó la muerte de Cristo! El hecho de especificar en estos términos " *Es un símbolo para el tiempo presente, donde se presentan ofrendas y sacrificios que no pueden hacer perfecto en el asunto de conciencia* " manifiestamente, expresa el período durante el cual se escribió la epístola a los Hebreos! Un período en el que el santuario de Jerusalén aún estaba en pie, aún no había sido destruido por los romanos. Si este templo, lugar de inmolación y ofrendas todavía estaba en su lugar o si fue destruido en el año setenta, el término de la ley levítica concerniente a los diezmos o directamente el de las leyes sacrificiales, ya había pasado. Debido a que Cristo había sido ejecutado, de repente el primer pacto fue reemplazado por el nuevo, el del nuevo sacerdote Jesucristo. Pero la técnica, por ejemplo lises actualmente enseñan o que perciben el pago de diezmos, por sus s hermanos cristianos o paganos, ha de Administración así lo sabiendas o no, el ejemplo de las ceremonias practicadas en el templo de Jerusalén antes de su destrucción, pero especialmente antes de la muerte de Cristo, desfiladero de manera similar para el leu r cuenta, la sangre de la gracia profanando el supremo sacrificio de Jesucristo. Pero, ¿cómo operan ? La epístola de *2 Pedro 2: 1-3* da una respuesta inequívoca: *" Ha habido entre el pueblo falsos profetas, y también entre vosotros habrá falsos maestros, que introducirán sectas malvadas, y que, negando al maestro que los redimió les traerá ruina repentina. Muchos los seguirán en sus disoluciones, y el camino de la verdad será calumniado por ellos. Por codicia, te comerciarán con palabras engañosas, aquellos a quienes la condenación ha amenazado durante mucho tiempo, y cuya ruina no permanece dormida. "*

Hermanos y hermanas que han aceptado a Jesús como su Salvador, Sumo Sacerdote y Pastor,... ¿Cómo reaccionarán ante esta pregunta que les hagan ?:

" ¿Qué peor castigo crees que será juzgado digno de quien pisotee al Hijo de Dios, que ha profanado la sangre del pacto por el cual fue santificado, y que habrá insultado al Espíritu de Dios. Gracia ? " Hebreos 10

34- ¿Qué representa el pecado de Balaam en la Iglesia contemporánea ?

Nota: Todas las comunidades en la tierra que no respetan la neutralidad de Jesucristo hacia el uso del dinero se consideran agentes de Balaam en el cuerpo de Jesús. Por eso serán severamente castigados a su regreso, en el fin del mundo.

35- Citando al falso profeta Balaam, estos supuestos cristianos maldicen al pueblo. ¿Cómo ? *2 Pedro 2:16*

" Pero quien fue reprendido por su transgresión: un burro silencioso, haciendo oír la voz de un hombre, detuvo la locura del profeta. "

36- ¿Para qué los califica la Biblia todavía ? *2 Pedro 2:17*

" Estas personas son fuentes sin agua, nubes perseguidas por un torbellino: la oscuridad de las tinieblas está reservada para ellos. "

37- ¿ Estos falsos profetas son característicos de qué ? *2 Pedro 2: 1,3*

" Ha habido entre el pueblo falsos profetas, y por eso habrá falsos maestros que introducirán sectas perniciosas y que, negando al maestro que los redimió, les traerá ruina repentina. Muchos los seguirán en sus disoluciones, y el camino de la verdad será calumniado por ellos. Por codicia, te comerciarán con palabras engañosas, aquellos a quienes la condenación ha amenazado durante mucho tiempo, y cuya ruina no permanece dormida. "

38- ¿Cómo ve Jesús el dinero en la Biblia ?

Nota: *Lucas 16,9*

" Y yo les digo: Hagan amigos de las riquezas injustas, para que ellos los reciban en tabernáculos eternos, cuando les falte. El que es fiel en lo más pequeño, también en lo grande es, y el que en lo más pequeño es injusto, también en lo grande es ".

39- ¿Cómo califica Jesús las riquezas pasajeras ?

Lucas 16:11 *" Por tanto, si no fuiste fiel en las riquezas injustas, ¿quién te confiará las verdaderas? "*

40- bienes materiales Así que en última instancia se consideran - a ser cuya propiedad ? Lucas 16:12

" Y si en lo que es tuyo no has sido fiel, ¿quién te dará lo que es tuyo ? "

41- ¿Puedo ejercer mi libre albedrío frente a las opciones que Dios o Satanás me ofrecen sobre el uso del dinero? Lucas 16:13

" Ningún sirviente puede servir a dos amos. Porque o aborrecerá al uno y amará al otro; o se aferrará a uno y despreciará al otro. No se puede servir a Dios y a Mammón. "

42- ¿Cómo eran los líderes religiosos de la época de Jesús con respecto al dinero ? Lucas 16:14

" Los fariseos, que eran mezquinos, también escucharon todo esto y se rieron de él. "

¿Los adventistas del séptimo día adoran a Dios como deberían ? COMUNIDADES INV OLUCRADAS POR EL ESTUDIO DE LA TARDE Y LA MAÑANA 2300: LOS ADVENTISTAS DEL SÉPTIMO DÍA Y LOS TESTIGOS DE JEHOVÁ (Conferir Estudio Bíblico N ° 2)

Nota: Dos comunidades eclesiásticas de las décadas de 1840 y 1900 como determinantes de la Iglesia de Filadelfia (correspondiente a ese período según *(Apocalipsis 3: 7) los adventistas del séptimo día* y los *testigos de Jehová de* hecho, que no formaron en ese momento una sola comunidad, Habían estado atentos a esta profecía de la purificación del santuario de las 2300 tardes y mañanas de Daniel. Intentaron con las luces de su tiempo comprender la voluntad de Dios que se manifestaba a su Iglesia.; salvo que anunciaban una profecía imposible.

desde el punto de vista cristiano, pues se permitieron sugerir que en 1844, correspondía al final de las 2300 tardes y mañanas de *Daniel 9,* y que esta sería también la fecha del regreso de Cristo, y por tanto el fin del mundo! Así que, naturalmente, que sufrieron una profunda humillación por parte de incluso los no creyentes. normal ya que incluso Cristo nunca dejó ninguna duda sobre una fecha probable de su regreso! Así que estos d Estas comunidades en ° Su comprensión cronológica de la purificación del santuario no estaba lejos de la fecha. Pero luego no entendieron claramente el evento que iba a tener lugar en ese momento. Asumieron que el santuario era la tierra y que su purificación presagiaba la segunda venida de Cristo. Estaban profundamente decepcionados de que Cristo no viniera al final de los 2300 años como esperaban. Entonces, así como los discípulos de Jesús se sintieron muy decepcionados cuando su Señor y Maestro, en quien habían reconocido al Mesías tan esperado, fue crucificado y enterrado en la tumba de José, estos cristianos de 1844 se sintieron profundamente decepcionados de que Jesús no viniera. por segunda vez. Al final de los 2300 años como esperaban, pero como Dios permitió a los discípulos a superar su decepción, por lo que su " castigo " cambió a " *la alegría* " *(Juan 16: 20)* lo que permitió que dependía de sus discípulos para superar el gran chasco de 1844. Los que habían esperado con gozo el regreso de Jesús aprendieron que debían " *profetizar de nuevo sobre muchos pueblos, naciones, lenguas y reyes* " (Apocalipsis 10: 8-11). La purificación del santuario era un evento que no iba a tener lugar en la tierra sino en el cielo. Es la obra final realizada en el santuario celestial por Jesús, nuestro Sumo Sacerdote, encarnando a Miguel, la Cabeza de la hueste del Señor, que arrojó al Diablo y a todos sus ángeles del Cielo.

43. ¿Cómo tomaron estas dos comunidades el signo del '666' por separado?

Desde que se completó esta purificación del santuario, hay varios eventos en perspectiva para anunciar el regreso de Jesús por segunda vez, pero para estas dos comunidades, como las otras denominaciones, perdieron sus estatutos de Iglesias de Cristo tan pronto como se llamaron sus nombres. que Cristo nunca había recomendado a los "*Adventistas del Séptimo Día*" ni a los "*Testigos de Jehová* ". Bueno, que ambos observaron por separado una parte de los diez mandamientos, de los cuales los Testigos de Jehová uno de los tres primeros, preservándose así de tomar la señal de la Bestia el `` 666 '' en la frente, y los otros adventistas del séptimo día observando el cuarto mandamiento que concierne al sábado, preservando a sus seguidores de tomar el `` 666 '' en sus manos al guardar el santo sábado. Pero esta última comunidad reintrodujo en su culto muchas otras prácticas como el diezmo, la abstención de alimentos inmundos siguiendo el modelo de las costumbres judías como leyes absolutas en la Iglesia, y no como la voluntad libre e individual que los Apóstoles permitieron que todos apreciaran la relevancia. de observación sin los prejuicios habituales. Lo mismo ocurrió con el celibato forzado de los testigos de Jehová. ¡Y qué hay del bautismo, que según ambos ya no debería hacerse según el bosquejo de los Apóstoles! Uno permitiéndose bautizar con el Espíritu Santo en lugar de Cristo, convirtiéndose en anticristo, y el otro sin pronunciar palabra debido a una mala comprensión de la última instrucción de Cristo a los Apóstoles, detrás de una aparente contradicción de las Sagradas Escrituras (*Mateo 28: 19*). También se desviaron hacia la presencia de Cristo por mediación de su Espíritu Santo, cuya acción se negaron a reconocer dentro de su Iglesia, y perdieron el sentido de la dirección de la profecía. De repente, sino que también se desengancha del estado de la Iglesia de Cristo tal como se anunció en la profecía concerniente a ellos en *Apocalipsis 3: 8-9* " *Y que no negaron mi nombre... He aquí os doy de los de la sinagoga de Satanás, los que dicen ser judíos y no lo son, sino que mienten; he aquí, los traeré, y me postraré a tus pies, y sabré que te he amado* ". Por ser judío en las observancias de las costumbres alimentarias y las la observancia del sábado por uno, y por el otro para guardar el anglicismo de Jehová del nombre traducido de Yahwéh, y la observancia de los primeros tres mandamientos de Dios, pudieron disfrutar del estatus de Iglesias de Cristo durante el período de 1840 a 1900 como la Sexta Iglesia llamada Filadelfia. La perdieron especialmente debido a la negativa de uno como el otro a avanzar en la comprensión de la Biblia, actitud al menos reprobable de la no observancia de los diez mandamientos de Dios. Los *adventistas* dieron prominencia a una profetisa mentirosa, una Elena de White, quien predijo muchas profecías que nunca se cumplieron. Además, varias de estas profecías estaban en total contradicción con la Biblia, ¡que a veces se permitía criticar! También lo *son los testigos de Jehová* que proclamaron profecías del esclavo fiel y discreto desde su supuesto asiento llamado *``Salón del Reino'', del* cual Dios tampoco atestiguó ni un solo cumplimiento de una profecía. anunciado por esta comunidad. En este Dios siendo el único garante de una profecía si llegara a cumplirse como prueba de lo que habría inspirado a este profeta entre su pueblo, la credibilidad de estas dos comunidades se vio socavada con la razón según lo que también recomienda la Biblia.. Deuteronomio 18:22 " *Cuando lo que dice el profeta no suceda ni suceda, será una palabra que el Señor no ha hablado. Es por audacia que el profeta lo habrá dicho: no le temáis.* "

¿Debemos bautizarnos como los apóstoles o debemos seguir los ejemplos de que las iglesias prostituyeron a sus comunidades ?

JESÚS ÓRDENES DEL BAUTISMO

44. ¿Cuál es el orden de misión del evangelio ? Mateo 28:19

" Id, haced discípulos a todas las naciones, bautizándolos en el nombre del Padre, del Hijo y del Espíritu Santo ".

45. ¿Es importante el bautismo ?

San Marcos 16:16

" El que crea y sea bautizado, será salvo, pero el que no crea, será condenado. "

46. ¿Qué formas de bautismo se utilizan hoy en día?

a. Inmersión (el cuerpo se sumerge en el agua, al revés)

B. Triple inmersión (el cuerpo se sumerge tres veces, de frente) *vs.* aspersión (unas cuantas gotas de agua son rociados sobre la persona)

D. Infusión (se vierte agua sobre el candidato)

mi. ¡Algunos lo hacen en estado de confusión! *"¡ En el nombre del Padre, del Hijo y del Espíritu Santo, y otros en el nombre de Jesús! "*

F. Para otros aún, la observación de la aparente contradicción que existe entre Jesús y estos Apóstoles " Padre, Hijo, Espíritu Santo ", o " JESÚS CRISTO ", bautizar sin pronunciar una sola palabra! ***Consultar con los testigos de Jehová (TJ)***

gramo. Para otros, finalmente, habiendo leído que todos los Apóstoles lo hacían sólo en el nombre de Jesús, se dispusieron así a respetarlo *" En el nombre de Jesús ",* ¡ya que fue Él Jesús quien fue crucificado por ellos! ¡Convertirse de este hecho en el nombre de Jesús que se pronuncia sobre ellos **CRISTIANOS!**

Nota: Hoy en día existen alrededor de 15 ceremonias diferentes llamadas " bautismos ": entonces la gente se pregunta " ¿qué importancia tiene ? " " Veremos que, para Dios, la importancia es grande y que debemos apresurarnos a seguir sus consejos.

Hebreos 6: 1 - 2 " Por lo tanto, dejando los elementos de la palabra de Cristo, luchemos por lo que es perfecto, sin poner de nuevo el fundamento de la renuncia a las obras muertas, de la fe en Dios, de la doctrina de los bautismos, la imposición de manos, resurrección de los muertos y juicio eterno ".

47. ¿Cuántos caminos hay al cielo ?

Efesios 4: 5

" Hay un Señor, una fe, un bautismo "

Nota: Dios reconoce solo una forma auténtica de bautismo. Las otras formas no son bautismos en absoluto.

48. ¿Qué significa la palabra " bautismo " media ?

Respuesta: ……………………………………

……………………………………

Nota: La palabra proviene del griego " baptizo " que significa zambullirse, sumergirse o sumergirse.

JESÚS NUESTRO MODELO PERFECTO

49. ¿Cuál es mi ejemplo en todo, incluido el bautismo ? 1 Pedro 2: 21 " *Q ui a través de él cree en Dios, que le levantó de los muertos y le ha dado gloria, para que vuestra fe y esperanza sean en Dios.* "

Respuesta: ....

....

50. ¿Cómo bautizó a Jesús ?

Marcos 1: 9 - 11 " *En aquel tiempo Jesús vino de Nazaret en Galilea y fue bautizado por Juan en el Jordán. Al salir del agua, vio que los cielos se abrían y el Espíritu descendía sobre él como una paloma. Y una voz pronunció estas palabras desde el cielo: Tú eres mi Hijo amado, en ti he puesto todo mi cariño.* "

Respuesta de: ....

....

51. Cuando Juan se niega por primera vez a bautizarlo, ¿qué le dice Jesús ? Mateo 3:13 - 15

" *Entonces Jesús vino de Galilea al Jordán donde Juan, para ser bautizado por él. Pero Juan se opuso, diciendo: ¡Soy yo quien necesito ser bautizado por ti, y tú vienes a mí! Jesús le respondió: Hágase ahora, porque es justo que así logremos todo lo que es correcto. Y Jean ya no se le resistía.* "

Nota: De hecho, el bautismo de Jesús no tenía el mismo significado que el nuestro. ¡Ya que no era de naturaleza pecaminosa como todos los demás Hombres! Sin embargo, sin el Bautismo, aunque nació Hijo de Dios, Jesús no podría ser revestido por el espíritu santo para convertirse en MESÍAS -y al mismo tiempo **HIJO de Dios** y entrar en su misión de salvador de la humanidad. Veamos en el libro profético de Daniel lo que dicen las Sagradas Escrituras al respecto.

52. ¿Qué profecía determina el bautismo de Jesús? Daniel: 9-24

" Setenta semanas han sido señaladas sobre tu pueblo y sobre tu santa ciudad, para poner fin a las transgresiones y poner fin a los pecados, para expiar la iniquidad y llevar a cabo la justicia eterna, para sellar la visión y el profeta, y para unge el lugar santísimo. "

53. ¿Se convertirá la nación judía una vez más en la de Dios según las santas profecías ? ¿Cómo ?

EL REGRESO PROFÉTICO DE ISRAEL, EL ÚNICO PUEBLO D E DIOS, EN EL FIN DEL MUNDO, AL REGRESO DE CRISTO.

Nota: Observemos la escena profética de la repatriación de Israel después de la Segunda Guerra Mundial con el telón de fondo de la reconstrucción espiritual.

54. ¿Cómo volverá Israel a Cristo como el único pueblo de Dios, habrá vomitado a los gentiles de antaño ? *Ezequiel 37: 1 - 28*

" La mano del Señor estaba sobre mí, y el Señor me transportó en el espíritu, y me puso en medio de un valle lleno de huesos. Me hizo pasar cerca de ellos, por todos lados; y he aquí, había muchos sobre la faz del valle, y estaban completamente secos. Me dijo: Hijo de hombre, ¿ estos huesos pueden volver a vivir? Dije: Señor Eterno, lo sabes. Me dijo: Profetiza sobre estos huesos, y diles: Huesos secos, oíd la palabra del SEÑOR. Así dice el Señor DIOS a estos huesos:

He aquí, yo traeré un espíritu dentro de ti, y vivirás; Yo les daré tendones, haré que la carne crezca en ti, voy a cubrir que con la piel, voy a poner un espíritu en vosotros, y viviréis. Y sabrás que yo soy el Señor. Profeticé según la orden que había recibido. Y mientras profetizaba, se oyó un ruido, y he aquí, hubo un movimiento, y los huesos se acercaron unos a otros. Miré, y he aquí, sus tendones se levantaron, la carne creció y la piel los cubrió arriba; pero no había espíritu en ellos. Me dijo: ¡Profetiza y habla al espíritu! Profetiza, hijo de hombre, y di al espíritu: Así ha dicho el Señor DIOS: ¡Espíritu, ven de los cuatro vientos, sopla sobre estos muertos y déjalos vivir de nuevo! Profeticé como él me ordenó. Y el espíritu entró en ellos, y revivieron, y se pusieron de pie: era un gran ejército, muchísimo. Me dijo: Hijo de hombre, estos huesos son toda la casa de Israel. He aquí, dicen: ¡Nuestros huesos se han secado, nuestra esperanza está destruida, estamos perdidos! Por tanto, profetiza y diles: Así ha dicho el Señor DIOS: He aquí, yo abriré vuestros sepulcros y os sacaré de vuestros sepulcros, pueblo mío, y os haré volver a la tierra de Israel. Y sabrás que yo soy el Señor, cuando abra tus sepulcros y te saque de tus sepulcros, oh pueblo mío. Pondré mi espíritu en ti y vivirás; Te devolveré a tu tierra y sabrás que yo, el Señor, he hablado y he hecho, dice el Señor. Vino a mí palabra de Jehová, diciendo: Y tú, hijo de hombre, toma un palo y escribe en él: Para Judá y para los hijos de Israel que están asociados con él. Toma otra vara y escribe en ella: Para José, vara de Efraín y de toda la casa de Israel asociada con él. Reúnelos para formar una sola pieza, para que queden unidos en tu mano. Y cuando los hijos de tu pueblo le dirá: DO nos explican - no significa? Respóndeles: Así ha dicho Jehová el Señor: He aquí, tomaré la vara de José que está en la mano de Efraín, y las tribus de Israel que están asociadas con él; y los uniré al árbol de Judá, y haré un árbol con ellos, para que sean uno en mi mano. El bosque en el que escribas estará en tu mano ante sus ojos. Y les dirás: Así ha dicho Jehová el Señor: He aquí, tomaré a los hijos de Israel de entre las naciones adonde han ido, y los juntaré por todos lados, y los haré volver a su tierra. Los haré una nación en la tierra, en los montes de Israel; todos tendrán un rey, ya no serán dos naciones, y ya no estarán divididos en dos reinos. No se contaminarán más con sus ídolos, con sus abominaciones y con todas sus transgresiones; Los sacaré de todos los lugares donde han habitado y donde pecaron, y los limpiaré; ellos serán mi pueblo y yo seré su Dios. Mi siervo David será su rey y todos tendrán un pastor. Ellos seguirán mis ordenanzas, guardarán mis leyes y las cumplirán. Habitarán en la tierra que di a mi siervo Jacob, y en la que habitaron vuestros padres; ellos, sus hijos y los hijos de sus hijos habitarán allí para siempre; y mi siervo David será su príncipe para siempre. Haré un pacto de paz con ellos, y habrá un pacto eterno con ellos; y los estableceré y los multiplicaré, y pondré mi santuario entre ellos para siempre. Mi hogar estará entre ellos; Yo seré su Dios y ellos serán mi pueblo. Y sabrán las naciones que yo soy Jehová, que santifico a Israel, cuando mi santuario esté entre ellos para siempre. "

55. ¿Cómo describe la profecía la situación de Israel ? *Zacarías 8: 1 - 8*

" *La palabra de Jehová de los ejércitos fue revelada en estas palabras: Así ha dicho Jehová: Me conmueve por Sion con gran celo, y me embarga una gran ira por ella. Así ha dicho el Señor: Vuelvo a Sion y deseo habitar en medio de*

Jerusalén. Jerusalén será llamada ciudad fiel, y monte de Jehová de los ejércitos monte santo. Así ha dicho Jehová de los ejércitos: Ancianos y ancianas todavía se sentarán en las calles de Jerusalén, cada uno con bastón en mano, a causa de la gran cantidad de sus días. Las calles de la ciudad se llenarán de niños y niñas jugando en las calles. Así ha dicho Jehová de los ejércitos: Si parece asombroso a los ojos del remanente de este pueblo en aquellos días, ¿será también asombroso a mis ojos ? Dice el Señor de los ejércitos. Así ha dicho Jehová de los ejércitos: He aquí yo libero a mi pueblo del oriente y de la tierra del sol poniente. Los haré volver, y habitarán en medio de Jerusalén; ellos serán mi pueblo, y yo seré su Dios en verdad y justicia. "

56. ¿ Israel se ha enfrentado alguna vez a todas las naciones de la tierra en la historia? Zacarías 12: 1 - 14

" Oráculo, palabra del Señor sobre Israel. Así ha dicho el SEÑOR, que extendió los cielos y fundó la tierra, y que formó en él el espíritu del hombre: He aquí, haré de Jerusalén una copa de maravilla para todos los pueblos de alrededor. Y también para Judá en el sitio de

Jerusalén. En aquel día haré de Jerusalén una piedra pesada para todos los pueblos; Todos los que lo levanten serán heridos; Y todas las naciones de la tierra se juntarán contra ella. En aquel día, dice el SEÑOR, heriré con espanto a todos los caballos ya sus jinetes con locura; Pero mis ojos estarán en la casa de Judá, cuando hiera con ceguera a todos los caballos de los pueblos. Los príncipes de Judá dirán en su corazón: Los habitantes de Jerusalén son nuestra fuerza, por el SEÑOR de los ejércitos su Dios. En aquel día haré de los príncipes de Judá como hogar ardiendo entre leña, como antorcha encendida entre gavillas; Devorarán a todos los pueblos de alrededor a derecha e izquierda, y Jerusalén permanecerá en su lugar en Jerusalén. El Señor primero salve las tiendas de Judá, para que no se levante la gloria de la casa de David ni la gloria de los habitantes de Jerusalén: Judá. En aquel día el SEÑOR protegerá a los habitantes de Jerusalén, y los débiles de entre ellos serán como David en ese día; La casa de David será como Dios, como el ángel del Señor delante de ellos. En ese día me esforzaré por destruir a todas las naciones que vengan contra Jerusalén. Entonces derramaré sobre la casa de David y sobre los habitantes de Jerusalén espíritu de gracia y de súplica, y mirarán a mí, a quien traspasaron. Llorarán por él como nosotros lloramos por un hijo único, llorarán amargamente por él como nosotros lloramos por un primogénito. En aquel día será grande el duelo en Jerusalén, como el duelo por Hadadrimmón en el valle de Meguido. La tierra hará duelo, cada familia por separado: la familia de la casa de David por separado, y las mujeres por separado; La familia de la casa de Nathan por separado y las mujeres por separado; La familia de la casa de Levi por separado, y las mujeres por separado; La familia de Shimei por separado y las mujeres por separado; Todas las demás familias, cada familia por separado, y las mujeres por separado. "

Nota: Como lo enseñó Cristo, Israel pronto volverá a convertirse en la nación elegida y eterna de Dios, también en el lugar de su encuentro con los redimidos del Señor en su regreso final.

57. ¿Para qué eligió a Israel ? Zacarías 14: 2-14

" Reuniré a todas las naciones para atacar Jerusalén; la ciudad será tomada, las casas serán saqueadas y las mujeres violadas; la mitad de la ciudad irá al cautiverio, pero el resto del pueblo no será exterminado de la ciudad. El Señor saldrá y peleará contra aquellas naciones, como peleó en el día de batai l l e. Aquel día sus pies reposarán sobre el monte de los Olivos, que está frente a Jerusalén, al oriente; el monte de los olivos se partirá por el medio, el este y el oeste, y se formará un valle muy grande: la mitad del monte se retirará al norte y la otra mitad al sur. Entonces huirás al valle de mis montañas, porque el valle de las montañas se extenderá hasta Atzel; huirás como huiste del terremoto en los días de Hosias, rey de Judas. Y el Señor mi Dios, y todos sus santos con él. En ese día no habrá luz; habrá frío y el hielo no será un solo día, se sabe que el Señor, y que será ni día ni noche; pero al anochecer aparecerá la luz. Aquel día, aguas vivas fluirán de Jerusalén, y la mitad fluirán hacia el mar oriental y la mitad hacia el mar occidental; así será en verano e invierno. Jehová Rey sobre toda la tierra; En ese día el Señor será el único Señor, y su nombre será el único nombre. Toda la tierra será como la llanura, desde Geba hasta Rimón al

sur de Jerusalén; y Jerusalén será ensalzada y permanecerá en su lugar, desde la puerta de Benjamín hasta el lugar de la puerta de oración, hasta la puerta del ángulo, y desde la torre de Hananeel hasta el lagar del rey. " Isaías 43: 12 " *Yo soy el que he declarado, salvado y proclamado: No hay entre vosotros dios fuera; Vosotros sois mis testigos, dice el Señor, yo soy Dios.* "

Nota: ¡ Dios eligió a Israel entre otros para que fuera su testigo a las naciones!

58. Otra razón por la cual Israel fue escogido correo por Yhwh Dios Deuteronomio 7: 7

" No es porque superes en número a todos los pueblos en número que el Señor se ha apegado a ti y te ha elegido, porque eres el más pequeño de todos los pueblos. »Isaías 43: 4 - 8« *Porque eres valioso a mis ojos, porque eres honrado y porque te amo, doy hombres en tu lugar, y pueblos para tu vida. No temas, porque yo estoy contigo; Traeré tu simiente del oriente y te reuniré del occidente. Diré al norte: ¡Da! Y al mediodía: ¡No te detengas! Trae a mis hijos de países lejanos, y a mis hijas de los confines de la tierra, a todos los llamados por mi nombre, a los que creé para mi*

gloria, a los que formé y hice. Que saquen a los ciegos que tienen ojos y a los sordos que tienen oídos. "

Nota: El soporte de inme ritée de Dios, no está sujeto a ningún acto que nos habría pedido! Dios elige a cada hombre de acuerdo con su plan de elegir el amor. Y nadie puede al explicar, o justificar las razones para el amor de Dios por sus criaturas elegidas. *Deuteronomio 7: 7 " porque tú eres el más pequeño de todos los pueblos.* " Definitivamente había grandes naciones alrededor de Israel en el momento de su elección. Es exactamente eso para ti también. No puedes ser la persona más importante de tu generación, ni de tu séquito, y mucho menos de tu país, sino la elección de Dios. ¡Para ti, está ahí! ¡ Eres amado por Dios! ¡ Y probablemente por lo que eres el menos considerado de todos!

59. ¿Cuáles son aquellos a quienes Dios ha llamado que están en contacto con los

adversarios que enfrentan ? Zacarías 12: 2-14

" He aquí, haré de Jerusalén una copa de asombro para todos los pueblos de alrededor, y también para Judas en el sitio de Jerusalén. En aquel día haré de Jerusalén una piedra pesada para todos los pueblos; todos los que lo levanten serán heridos; y todas las naciones de la tierra se juntarán contra ella. En aquel día, dice Jehová, heriré a todo caballo con asombro, ya los que los montan con locura; pero mis ojos estarán en la casa de Judas, cuando heriré con ceguera a todos los caballos de los pueblos. Los príncipes de Judas dirán en su corazón: Los habitantes de Jerusalén son nuestra fuerza, por el SEÑOR su Dios. En aquel día haré de los príncipes de Judas como hogar de fuego entre leña, como antorcha encendida entre gavillas; devorarán a todos los pueblos vecinos a derecha e izquierda, y Jerusalén permanecerá en su lugar en Jerusalén. El SEÑOR salvará primero las tiendas de Judas, para que la gloria de la casa de David no se eleve más que Judas. En ese día, el Señor protegerá a los habitantes de Jerusalén, y los débiles entre ellos serán como David en ese día; la casa de David será como Dios, como el ángel del Señor delante de

ellos. En ese día me esforzaría por destruir a todas las naciones que vendrán contra Jerusalén. "

60. Pero, ¿qué es la Buena Nueva a nuestro favor ? *Romanos 8: 31-36*

" ¿Qué, pues, diremos acerca de estas cosas? Si Dios está por nosotros, ¿quién estará contra nosotros?

Nota: El que no escatimó ni a su propio Hijo, sino que lo entregó por todos nosotros, *¿cómo no nos dará también todas las cosas con él ? ¿Quién acusará a los elegidos de Dios? ¡Es Dios quien justifica! ¿Quién los condenará ?*

Nota: Cristo está muerto; además, ha resucitado, está a la diestra de Dios e intercede por nosotros.

¿Quién nos separará del amor de Cristo ? ¿Será tribulación, angustia, persecución, hambre, desnudez, peligro o espada?

Nota: Como está escrito: Es por ustedes que nos están dando muerte todo el día, que se nos considera ovejas destinadas al matadero. "

61. Pero, ¿declara la Biblia que el regreso de Israel a Yahweh al final de los tiempos será sin el sufrimiento inicialmente conocido por su pueblo ? Daniel 12: 1 - 4

" En ese tiempo se levantará Miguel, el gran jefe, el defensor de los hijos de tu pueblo; y será un tiempo de angustia, como no lo ha sido desde que existieron las naciones hasta este tiempo. En ese momento, los de tu pueblo que se encuentren escritos en el libro se salvarán. Muchos de los que duermen en el polvo de la tierra se despertarán, algunos a la vida eterna, y otros al oprobio, a la vergüenza eterna. Los que han sido inteligentes resplandecerán como el esplendor del cielo, y los que han enseñado justicia a la multitud brillarán como las estrellas por los siglos de los siglos. Tú, Daniel, mantén estas palabras en secreto y sella el libro hasta el tiempo del fin. Muchos lo leerán entonces y el conocimiento aumentará. "

62. ¿Habría sufrimiento en todas las naciones ?

1 Tesalonicenses 5: 1 - 11 *" En cuanto a tiempos y momentos, no es necesario, hermanos, que se les escriba. Porque ustedes mismos saben muy bien que el día del Señor vendrá como ladrón en la noche. Cuando los hombres dirán: ¡Paz y seguridad! Entonces, una ruina repentina los sorprenderá, como los dolores del parto sorprenden a una mujer embarazada, y no escaparán. Pero ustedes, hermanos, no están en tinieblas, para que este día los sorprenda como un ladrón; todos ustedes son hijos de la luz e hijos del día. No somos ni noche ni oscuridad. Así que no durmamos como los demás, veamos y seamos sobrios. Para los que duermen duermen de noche, y los que se emborrachan se emborrachan de noche. Pero nosotros que somos del día, seamos sobrios, vistiendo la coraza de la fe y la caridad, y teniendo como casco la esperanza de la salvación. Porque Dios no nos destinó a la ira, sino a la adquisición de la salvación por medio de nuestro Señor Jesucristo, que murió por nosotros, para que, velemos o durmamos, vivamos con él. Es por eso que animarnos unos a otros y*

edificarnos unos a otros, como realmente lo hacen. "

63. ¿Por qué guardar santo sábado de Dios siguiendo el ejemplo de los Judios y no de acuerdo con el patrón de la Séptima - día adventistas ?

Versículos de la Biblia que indican por qué Israel volverá a ser la última nación de Dios, debido a que guarda los mandamientos de Dios.

Nota: En ambos testamentos así es como se menciona esta verdad ineludible para la fe de los creyentes en Jesucristo. *Apocalipsis 7: 1 - 4* " *Después de esto vi cuatro ángeles de pie en los cuatro ángulos de la tierra; que llevan a cabo los cuatro vientos de la tierra, de modo que no soplara viento alguno sobre la tierra, ni sobre el mar, ni sobre ningún árbol. Y vi a otro ángel que ascendía del lado del sol naciente y sostenía el sello del Dios viviente; clamó a gran voz a los cuatro ángeles, a quienes se había dado para dañar la tierra y el mar, y dijo: No dañéis la tierra, ni el mar, ni los árboles, hasta que hayamos sellado las frentes de los siervos. de nuestro Dios. Y oí el número de los sellados, ciento cuarenta y cuatro mil, de todas las tribus de los hijos de Israel.* " *Daniel 12: 1* " *En aquel tiempo se levantará Miguel, el gran príncipe que está en pie por los hijos de tu pueblo; y será un tiempo de angustia, como no lo ha sido desde que existieron* *las naciones hasta este tiempo. En ese momento, los de tu pueblo que se encuentren escritos en el libro se salvarán. "*

64. Si guardar los mandamientos de Dios no tenía importancia, ¿qué dice la Biblia ? Apocalipsis 12:13 - 17

" Cuando el dragón vio que había sido arrojado a la tierra, persiguió a la mujer que había dado a luz al hijo varón. Y las dos alas de la gran águila le fueron dadas a la mujer para que volara al desierto, a su lugar, donde se alimentará por tiempo, tiempos y medio tiempo, lejos del rostro de la serpiente. Y, de su boca, la serpiente arrojó agua como un río detrás de la mujer, para llevársela por el río. Y la tierra ayudó a la mujer, y la tierra abrió su boca y se tragó el río que el dragón había arrojado de su boca. Entonces el dragón fue airado contra la mujer, y se fue a hacer guerra contra el x simiente de ella, los que guardan los mandamientos de Dios y tienen el testimonio de Jesús. "

65. ¿Qué han recibido aquellos cristianos que no aceptan esta doctrina del Anticristo ? 2 vaqueros 7-11

" Habéis recibido la unción del Santo, y todos tenéis conocimiento. (...) ¿Quién es un mentiroso, sino el que niega que Jesús es el Cristo ? Éste es el anticristo; Quien niega al Padre y al Hijo. "

Nota: Según la Biblia, los cristianos tienen tanto al Padre como al Hijo, para no confundirlos en esta doctrina satánica de la trinidad adoptada por casi toda la cristiandad, cuyos orígenes se remontan al catolicismo. desde sus orígenes! Qué maravillosa noticia saber que somos amados por el ser divino y su único Hijo que son los seres más importantes del universo para mi felicidad así como para mi salvación que avanza con grandes pasos, y deseo de librarnos de la mentira. doctrinas del diablo y las de sus secuaces!

66. ¿Qué no nos permite ser considerados judíos en el

estado actual, a pesar de la observancia del sábado y nuestro culto dirigido al único Dios Yahwéh ?

Nota: ¡Porque aún no han recibido a Jesucristo como el Mesías prometido por Dios! Como predijo la Santa Biblia: *Zacarías 12: 11 - 14* " *En ese día haré todo lo posible para destruir a todas las naciones que vienen contra Jerusalén". Entonces derramaré sobre la casa de David y sobre los habitantes de Jerusalén espíritu de gracia y de súplica, y mirarán a mí, a quien traspasaron. Llorarán por él como nosotros lloramos por un hijo único, llorarán amargamente por él como nosotros lloramos por un primogénito. En aquel día será grande el duelo en Jerusalén, como el duelo por Hadadrimm en el valle de Meguido. El país llorará, cada familia por separado: la familia de la casa de David por separado, y las mujeres por separado; La familia de la casa de Natán se separó y las mujeres se separaron. La familia de la casa de Leví se separó y las mujeres se separaron; La familia de Shimei por separado y* *las mujeres por separado; Todas las demás familias, cada familia por separado, y las mujeres por separado. "*

UN RASTREO GRÁFICO DEL NACIMIENTO DE CRISTO

Nota: " *Mesías* " *en hebreos es* " *Cristo* " *en griego significa* " *Ungido* ". *Aunque Jesús es el Hijo de Dios, no era el Mesías ni el Ungido hasta que fue ungido por el Espíritu Santo en el momento de su bautismo,* *Hechos 10:38. Lucas 3: 1-2.*

Nota: Vimos en el *capítulo 9 del Libro de Daniel* que Gabriel había regresado para completar la explicación de esa parte de la visión del capítulo 8 que no pudo explicar debido a la repentina enfermedad de Daniel (*Ver capítulo 8:27*). Gabriel le había explicado todo excepto los 2.300 " *días* " del versículo 14. Esto dejó a Daniel en duda acerca de esta pregunta: " *¿Cuán pronto será purificado el santuario ?* " Cuando volvió el ángel, le dijo: " *Daniel ahora he vuelto a abrir su mente... atiende al piso (has escuchado) e incluye la visión!* (*Daniel 9:22, 24*) Las palabras hebreas indican claramente que Gabriel le dijo a Daniel que considerara esta parte de la " *visión* " en relación con la conversación que había escuchado entre los dos ángeles. Gabriel ya le había explicado todo sobre lo que Daniel había visto. Y si Daniel hubiera podido entender lo que había " *escuchado* " de la conversación de los ángeles sobre las 2300 tardes y mañanas, habría entendido completamente la visión y no habría necesitado más explicaciones. En su nueva visita, Gabriel le dice que considere esa parte de la " *visión* " que ha permanecido vaga, a saber, las " *2300 tardes y mañanas.* "

Nota: Al decir que se deben restar los 490 años, significa que se deben restar del período más largo de 2300 años. Daniel comprendió entonces que los 2300 años comenzaron cuando " *la palabra anunció que Jerusalén sería reconstruida* ", es decir, en el 457 antes de Jesucristo.

Nota: Se vio que los 490 años predichas por *Daniel 9: 24,* se terminaron cuando la nación judía y sus líderes religiosos, finalmente se arrepintieron para recibir el Evangelio. Esto lleva a la lapidación de Esteban en el año 37 de nuestra era.

67. ¿Qué diferencias hay entre los judíos y nosotros los verdaderos cristianos hasta el día de hoy ? *Apocalipsis 14: 1*

" Miré, y he aquí, el Cordero estaba en el monte de Sion, y con él ciento cuarenta y cuatro mil personas, que tenían el nombre de él y el nombre de su Padre escrito en la frente. "

68. ¿Quiénes son estos 144.000 de los últimos tiempos de los que habla Apocalipsis 7 ? *Apocalipsis 7: 1 - 4*

" Después vi cuatro ángeles de pie en los cuatro ángulos de la tierra; que llevan a cabo los cuatro vientos de la tierra, de modo que no soplara viento alguno sobre la tierra, ni sobre el mar, ni sobre ningún árbol. Y vi a otro ángel que ascendía del lado del sol naciente y sostenía el sello del Dios

viviente; clamó a gran voz a los cuatro ángeles, a quienes se había dado para dañar la tierra y el mar, y dijo: No dañéis la tierra, ni el mar, ni los árboles, hasta que hayamos sellado las frentes de los siervos. de nuestro Dios. Y j 'oí el número de los que fueron marcados con el sello, cien de cuarenta-cuatro mil todas las tribus de Israel, hijo. "

69. ¿ E n nos separamos ?

Nota: Sí, pero si y sólo si, nosotros - nos refugiamos de " *666* " cuando salgamos de en medio de Babilonia la Grande, La Madre de los Incastos y las Abominaciones de la tierra. ¡Entonces tendremos que obedecer todas las santas recomendaciones de Jesús sin reservas contenidas en su libro sagrado la Biblia!

70. ¿ Cuándo comenzará a llevar el sello de Dios en la frente de Sus siervos los (144.000) de Dios ? *Apocalipsis 18: 8, 21 - 23*

" Por esto, en un día vendrán sus plagas, muerte, duelo y hambre, y ella será consumida por el fuego. Porque el Señor Dios que la juzgó es poderoso (...) Entonces un ángel poderoso tomó una piedra como una gran piedra de moler y la arrojó al mar, diciendo: Así será derribada con violencia Babilonia, la gran ciudad. y ya no se encontrará. Y los sonidos de los arpistas, músicos, flautistas y trompetistas ya no se escucharán en casa, ningún artesano de cualquier oficio se encontrará en casa, ya no se escuchará en casa. tú el sonido de la piedra de moler, la luz de la lámpara ya no brillará en ti, y la voz del marido y la mujer ya no se oirá en ti, a causa de tus comerciantes "

71. ¿Qué debo hacer para formar parte de ella ? Apocalipsis 18: 4 - 9

" Y oí otra cielo voz di sabe: Salid de ella, pueblo mío, porque no seáis partícipes de sus pecados, y que se hizo punto de sus plagas yez. Porque sus pecados han llegado hasta el cielo, y Dios se ha acordado por sus iniquidades. Págale como pagó, y duplícala según sus obras. En la copa donde ella derramó, sírvela dos veces. Por cuanto ella se glorificó y se sumergió en el lujo, tanto tormento y duelo por ella. Porque ella dice en su corazón: yo

estoy sentada como reina, no soy viuda, y no veré llanto! Debido a esto, en un día sus plagas vendrán, muerte, llanto y hambre, y ella será consumida por el fuego. por el Señor Dios es poderoso, que la juzgó. Y todos los reyes de la tierra, que se han entregado a la inmoralidad sexual y al lujo con ella, llorarán y se lamentarán por ella cuando vean el humo de su leña ".

CONCLUSIÓN

¡ No lo olvides! Jesús participó en la creación de todo en colaboración con su Padre. (*Juan 1: 1-3, 10, 14; Hebreos 1: 1-2; Efesios 3: 9; Colosenses 1: 13-17*). Esto, por supuesto, incluye el sábado. El sábado da alegría a los cristianos porque se centra en Dios. Es **su época.** Representa su poder para crear, su amor, su poder para salvar del pecado y sus milagros. Y, más agradablemente, YAHWEH Santo Dios apartó este día para estar con nosotros y ayudarnos a llegar a ser como Él. En el Edén, Dios le dio al hombre dos instituciones para que pudiera ser completamente feliz: el matrimonio y el sábado. Dios ciertamente se entristece de ver a tantas personas hoy en día que a menudo ignoran y subestiman estos dos dones y, por eso, viven vidas de miseria y miseria. En *los pantalones vaqueros 14: 15,* Jesús dijo: " *Si me amáis guardad mis mandamientos* ". ¿Amas a Jesús lo suficiente como para guardar todos sus mandamientos sin demora ? ¿Hay algún riesgo importante

"666" por parte de los profanadores del santo sábado de Dios ?

Las iglesias populares están avergonzadas porque, como hemos visto anteriormente. Prácticamente todas estas iglesias admiten en sus textos oficiales que no hay un mensaje en las escrituras para la santidad del domingo. Entonces, ¿de dónde vendría el origen del culto del domingo universalmente aceptado en el culto? De la Roma pagana. Llamó el primer día de la semana, el domingo. Traducido al inglés por SUNDAY, que literalmente significa Sun Day. ¿Existe una relación directa entre el culto solar originario de Roma y el domingo ? El " Dies Solis " que significa " " dios del sol ", que Roma adoraba antes de su mutación al culto católico en su forma actual, ¿cómo surgió la divinidad oficial de la Iglesia de Roma ? Una vez que el santuario de Italia, construido en esta ciudad, el impacto en la continuación de los mandamientos de Dios, en particular el del sábado, implicó la profanación del SÁBADO SANTO DE DIOS. Haciendo así al "dios Sol", el "dios" del imperio bajo el reinado de su emperador Constantino. Tomando oficialmente estas sedes en la ciudad del VATICANO en 538 según varias fuentes históricas, con la solemnidad de adoración el DOMINGO. Domingo se traduce mejor por el anglicismo DOMINGO que significa "DÍA del SOL", que se opone al SÁBADO del SÁBADO. Evidentemente en el origen del pretexto de la nueva doctrina, Roma evocaba el domingo como el día en que el Señor resucitó, y confirió la solemnidad del domingo de origen romano, a una voluntad divina, una vez que el matrimonio satánico entre las doctrinas paganas y la presuntas similitudes entre la resurrección de Jesús el domingo. Sin embargo, la perfecta voluntad de Dios que no adolece de ninguna ambigüedad en las tablas de la Alianza, bien declara los Diez Mandamientos: *" Acuérdate del día de reposo para santificarlo. " Recuerda "* se dice como si Dios evocara un cierto recordatorio a los Hombres, sabiendo que todos iban a media asta de este mandamiento, que también se califica como señal entre Dios y su pueblo. Decimos en resumen que la profanación del único día eternamente santo que es el SÁBADO del SÁBADO, no es solo una voluntad malsana de desafiar a Dios a través de los diez mandamientos como Roma sabe hacer tan bien, sino que es la explicación segura de la aplicación del signo de la Bestia en la mano, como consecuencia de la eterna perdición de las almas, por haber perseguido intereses mercantiles, en lugar del DIOS VIVIENTE. La Biblia advierte que todos los habitantes del mundo se van a llevar este "666".: *REVELACIÓN* La observancia del domingo como día de reposo para reemplazar al sábado, ¿no estaría relacionada con la marca del " 666 " en la mano ? *Ezequiel 20: 10 - 12 " Y los saqué de la tierra de Egipto, y los traje al desierto. Les di Mis leyes y les di a conocer Mis ordenanzas, que el hombre debe poner en práctica para vivir de acuerdo con ellas. También les di mis sábados como señal entre ellos y yo, para que supieran que yo soy el Señor que los santifica.* "

Resumimos diciendo que la marca del sello invisible de Dios es el Espíritu Santo dado a los cristianos por el bautismo en el nombre de Jesucristo por inmersión en aguas. En cuanto a su sello visible y su poder distintivo, es el santo sábado y su observancia. Mientras que la marca o signo del poder de la Bestia en materia religiosa es el domingo y su observancia. Las fuentes católicas y romanas, demasiado numerosas para ser citadas aquí, dan testimonio de este cambio.

Finalmente aquí está la sentencia de Dios contra los adoradores de la señal de la bestia `` 666 '', tomada de la mano por la profanación del santo sábado, en contra de la observancia del domingo `` domingo ''.

El sol, que fue deificado durante milenios, será también el elemento por el cual caerá la sentencia para la destrucción de los Hombres en el juicio final de Dios, al fin del mundo. ¡Que los hombres comprendan muy bien lo que está en juego en sus actos, que erróneamente consideran inofensivos!

NB: En el resto de este estudio bíblico, veremos cómo pronto se impondrá en la mano la marca de la Bestia `` 666 '', al olvidar y desobedecer el cuarto mandamiento del sábado de Dios, que me fue dado: " *Acuérdate del día de reposo para santificarlo. Trabajarás seis días, y harás toda tu obra. Pero el séptimo día es el día de reposo del Señor tu Dios; no harás ninguna obra, ni tú ni tu hijo, ni tu hija, ni tu siervo, ni tu sierva, ni tu ganado, ni el forastero que está en tus puertas, porque en seis días hizo Jehová los cielos, la tierra, el mar y todo lo que está en ellos, y reposó el séptimo día; por tanto, el Señor bendijo el día de reposo y lo santificó* ".

RESUMEN

5. *¿Cuál es la señal " o sello " del poder redentor y creativo de Dios ? Éxodo 31: 17; Ezequiel 20: 12; Apocalipsis 4:10 - 11.*

6. *¿Dónde está puesto el sello de Dios ? Apocalipsis 7: 3*

EL SANTO SÁBADO DE DIOS

7. *¿Cuándo creó Dios el sábado ? Génesis 2: 1 - 4*

8. ¿Con qué hizo Dios el sábado ? *Éxodo 20: 10*

9. ¿Qué hizo Dios para que el sábado fuera especial ? *Génesis 2: 2-3*

10. ¿Cuánto dura la bendición divina ? *1 crónica 17:27*

11. ¿Para quién hizo Dios el sábado ? *San Marcos 2: 27-28*

12. *¿Qué mandamiento se da con respecto al sábado ? Éxodo 20: 8-11*

EL SÁBADO DEL NUEVO TESTAMENTO

13. ¿Han sido abrogados los Diez Mandamientos ? *Lucas 16:17*

14. ¿Qué día guardaban Jesús y Pablo ? *Lucas 4:16, Hechos 17: 2*

15. ¿Cómo le afectaría saber que Jesús guardó el sábado ? *1 Pedro 2:21*

16. ¿Los cristianos de origen pagano guardaban el sábado ? Hechos 13:42
Respuesta: ....
17. ¿Por qué no debería unirse a la Iglesia del Séptimo Día ?
RAZONES OBVIAS PARA NO ASISTIR A LA IGLESIA ADVENTISTA DEL SÉPTIMO DÍA, A PESAR DE LA OBSERVACIÓN DEL MISMO DÍA DE SÁBADO
18. ¿Todavía tenemos que pagar diezmos y ofrendas en relación con el perdón de los pecados ?
La profanación de la sangre de
Jesús diezmando LA SIN DE BALAAM
19. ¿A qué falsos profetas se hace referencia en este pasaje ? Judas1: 11
20. ¿Qué salario hablando del profeta Balaam se menciona en este pasaje ? Deuteronomio 23,4
21. ¿Escuchó Dios a Balaam ? Deuteronomio 23: 5-6
22. Pero, ¿cómo se producirá este abandono de la fe cristiana ? *2 Pedro 2: 2*
23. ¿Cuál será la razón de su abandono de la fe ? 2 Pedro 2: 2-3

24. *¿Qué motivo utilizan para extorsionar dinero según las Sagradas Escrituras ?* 1 Pedro 1:18

25. *¿Cómo habla Pablo de eso de otra manera ?* Romanos 12: 1 - 35

26. *¿De dónde vendrán los que apartan de la verdad al pueblo de Dios ?* Judas 1:14

27. *¿Cómo se habla del diezmo que van a extorsionar a los cristianos ?* Judas1: 11

28. Después de haber querido maldecir a los cristianos con la extorsión del diezmo, ¿cómo les llama la Biblia estas Iglesias? 2 Pedro 2:14

29. *¿Cómo tomaron el camino de Balaam ?* 2 Pedro 2:15

30. *¿Cómo siguen el camino de Balaam ?* Malaquías 3: 8

31. *Dicen traer a la casa del tesoro, pero ¿esta casa todavía existe ?* Malachie 3: 10

32. *¿Qué profetizó Jesús sobre el templo de Jerusalén ?* Lucas 21: 6

33. *¿Dónde recomendó Jesús el lugar de culto cristiano ?* Juan 4: 21-24

SIMILIDAD ENTRE LOS ADVENTISTAS DEL SÉPTIMO DÍA Y EL PROFETA `` BALAAM "

34. ¿Qué representa el pecado de Balaam en la Iglesia contemporánea ?
35. Citando al falso profeta Balaam, estos supuestos cristianos maldicen al pueblo. ¿Cómo ? 2 Pedro 2:16
36. *¿Cómo los llama la Biblia todavía ?* 2 Pedro 2:17
37. *¿De qué son característicos estos falsos profetas ?* 2 Pedro 2: 1,3
38. ¿Cómo ve Jesús el dinero en la Biblia ? *Lucas 16,9*
39. ¿Cómo califica Jesús las riquezas pasajeras ? *Lucas 16:11*
40. *Entonces, en última instancia, se consideran los bienes materiales: ¿ propiedad de quién ?* Lucas 16:12
41. *¿Puedo ejercer mi libre albedrío frente a las opciones que Dios o Satanás me ofrecen sobre el uso del dinero?* Lucas 16:13
42. *¿Cómo fueron los líderes religiosos de la época de Jesús frente al dinero ?* Lucas 16:14
43. ¿Los adventistas del séptimo día adoran a Dios como deberían ?
COMUNIDADES INVOLUCRADAS POR EL ESTUDIO DE LA TARDE Y LA MAÑANA 2300: LOS ADVENTISTAS DEL

SÉPTIMO DÍA Y LOS TESTIGOS DE JEHOVÁ (Conferir Estudio Bíblico N ° 2)

44. ¿Israel se ha enfrentado a todas las naciones de la tierra en la historia? *Zacarías 12: 1 - 14*

45. ¿Para qué eligió a Israel ? *Zacarías 14: 2-14*

46. *¿Cómo fueron los líderes religiosos de la época de Jesús frente al dinero ? Lucas 16:14*

47. ¿Los adventistas del séptimo día adoran a Dios como deberían ?

COMUNIDADES INVOLUCRADAS POR EL ESTUDIO DE LA TARDE Y LA MAÑANA 2300: LOS ADVENTISTAS DEL SÉPTIMO DÍA Y LOS TESTIGOS DE JEHOVÁ (Conferir Estudio Bíblico N ° 2)

48. ¿Cómo tomaron estas dos comunidades el signo del '666'
por separado?

49. ¿Debemos bautizarnos como los apóstoles o debemos seguir los ejemplos de que las iglesias prostituyeron a sus comunidades ?

JESÚS ÓRDENES DEL BAUTISMO

50. ¿Cuál es el orden de misión del evangelio ? *Mateo 28:19*

51. ¿Es importante el bautismo ? *San Marcos 16:16*

52. ¿Qué formas de bautismo se utilizan hoy en día?

53. ¿Cuántos caminos hay al cielo ? *Efesios 4: 5*

54. ¿Qué significa la palabra " bautismo " media ?

JESÚS NUESTRO MODELO PERFECTO

55. ¿Cuál es mi ejemplo en todo, incluido el bautismo ? *1 Pedro 2:21*

56. ¿Cómo bautizó a Jesús ? *San Marcos 1: 9-11*

Respuesta de: ....

57. ¿Cuándo se niega Juan por primera vez a bautizarlo? ¿Qué le dice Jesús ? Mateo 3:13 - 15

58. ¿Qué profecía determina el bautismo de Jesús? *Daniel: 9-24*

59. ¿Se convertirá la nación judía una vez más en la de Dios según las santas profecías ? ¿Cómo ?

EL REGRESO PROFÉTICO DE ISRAEL, EL ÚNICO PUEBLO DE DIOS, EN EL FIN DEL MUNDO, AL REGRESO DE CRISTO.

60. ¿Cómo volverá Israel a Cristo como el único pueblo de Dios, habrá vomitado a los gentiles de antaño ? *Ezequiel 37: 1 - 28*

61. ¿Cómo describe la profecía la situación de Israel ? *Zacarías 8: 1 - 8*

62. ¿Israel se ha enfrentado a todas las naciones de la tierra en la historia? *Zacarías 12: 1 - 14*

63. ¿Para qué eligió a Israel ? *Zacarías 14: 2-14*

64. Otra razón por la que Israel fue elegido por Yahweh Dios *Deuteronomio 7: 7*

65. ¿Quiénes son aquellos a quienes Dios ha llamado que están en contacto con los adversarios que enfrentan ? *Zacarías 12: 2–14*

66. *Pero, ¿cuáles son las Buenas Nuevas a nuestro favor ?* *Romanos 8: 31-36*

67. *" ¿Qué, pues, diremos acerca de estas cosas? Si Dios está por nosotros, ¿quién estará contra nosotros?*

68. Pero, ¿declara la Biblia que el regreso de Israel a Yahweh al final de los tiempos será sin el sufrimiento inicialmente conocido por su pueblo ? *Daniel 12: 1 - 4*

69. ¿Habrá sufrimiento en todas las naciones ? *1 Tesalonicenses 5: 1 - 11*

70. ¿Por qué guardar el santo sábado de Dios siguiendo el ejemplo judío y no el modelo adventista del séptimo día? Versículos de la Biblia que indican por qué Israel volverá a ser la última nación de Dios, debido a que guarda los mandamientos de Dios.

71. ¿Y si guardar los mandamientos de Dios no tuviera importancia, qué dice la Biblia ? Apocalipsis 12:13 - 17

72. ¿Qué han recibido los cristianos que no aceptan esta doctrina del Anticristo ? 2 vaqueros 7-11

73. ¿Qué no nos permite ser considerados judíos en el estado actual, a pesar de la observancia del sábado y nuestro culto dirigido al único Dios Yahwéh?

UN RASTREO GRÁFICO DEL NACIMIENTO DE CRISTO

74. ¿Cuáles son las diferencias entre los judíos y nosotros los verdaderos cristianos hasta el día de hoy ? *Apocalipsis 14: 1*

75. *¿Quiénes son estos 144.000 del fin de los tiempos de los que habla Apocalipsis 7 ? Apocalipsis 7: 1 - 4*

76. ¿Seremos parte de ella ?

77. *¿Cuándo comenzará a llevarse el sello de Dios en la frente de Sus siervos, los (144.000) de Dios ? Apocalipsis 18: 8, 21 - 23*

CONCLUSIÓN

EN LA MISMA COLECCIÓN DE ESTUDIO BÍBLICO:

1. ***El bautismo de Jesús Cristo, el anction del santo de los Santos.***
2. ***LA PURIFICACIÓN DEL SANTUARIO, SATANÁS ES CAZADO DEL CIELO.***
3. ***EL FIN DEL MUNDO EN LA BIBLIA Y LA SEÑAL DE LA BESTIA, EL " 666 ".***
4. ***LA GRAN SEÑAL DE LA BESTIA, LA (666) REVELADA.***
5. ***¿CÓMO HAN TOMADO YA LOS HOMBRES LA SEÑAL (666) DE LA BESTIA EN EL FRENTE ?***
6. ***¿CÓMO HAN TOMADO YA LOS HOMBRES LA SEÑAL DE LA BESTIA (666) EN LA MANO ?***
7. ***Los diez mandamientos de DIOS Y salvación en Jesús Cristo.***
8. ***EL DIEZMO, EL PECADO DE JUDAS EN LA IGLESIA CONTEMPORANEA APOSTASIA.***
9. ***¿CUÁLES SON LOS OTROS SIGNOS DE LA BESTIA ?***

10. *EL FUNCIONAMIENTO DE LA IGLESIA APOSTAL.*
11. *PARAÍSO Y ESPERANZA CRISTIANA.*
12. *LA IGLESIA, LOS CRISTIANOS.*
13. *¿QUIÉN ES EL VERDADERO DIOS ?*
14. *¡HAY UN DIOS!*
15. *¡HAY UN SEÑOR!*
16. *¡HAY UN ESPÍRITU!*
17. *¡SOLO HAY UNA FE!*
18. *¡SOLO HAY UNA ESPERANZA!*
19. *¡SOLO HAY UN CUERPO!*
20. *¡SOLO HAY UN BAUTISMO!*
21. *EL SELLO DE DIOS EN LA: REVELACIÓN.*
22. *EL SELLO DEL DIABLO EN LA: REVELACIÓN.*
23. *EL DÍA QUE EL VATICANO, LA GRAN PROSTITUTA, LA MADRE DE LOS NECESITADOS SERÁ DESTRUIDA.*
24. *Aquí está el gran signo de la final de los tiempos, y por el retorno de Jesús Cristo.*

25. *EL MOVIMIENTO ISLÁMICO DESCRITO EN EL LIBRO DEL: APOCALIPSIS.*

26. *LA IGLESIA pasado, el 144000, el retorno del Señor JESUS CHRIST, y la eternidad.*

27. *VIGÉSIMO SÉPTIMA ESCRITURA: ¡EL TESTIMONIO! VIDA CRISTIANA Y TESTIMONIOS!*

Printed by Books on Demand GmbH, Norderstedt / Germany